RECETTES

D'ENCRES DÉ TOUTES SORTES

ET DE

TOUTES COULEURS

DE

P. BUGNET

CHIMISTE & CHEF D'INSTITUTION

Pourtour de l'Église de Grenelle, 10, Paris.

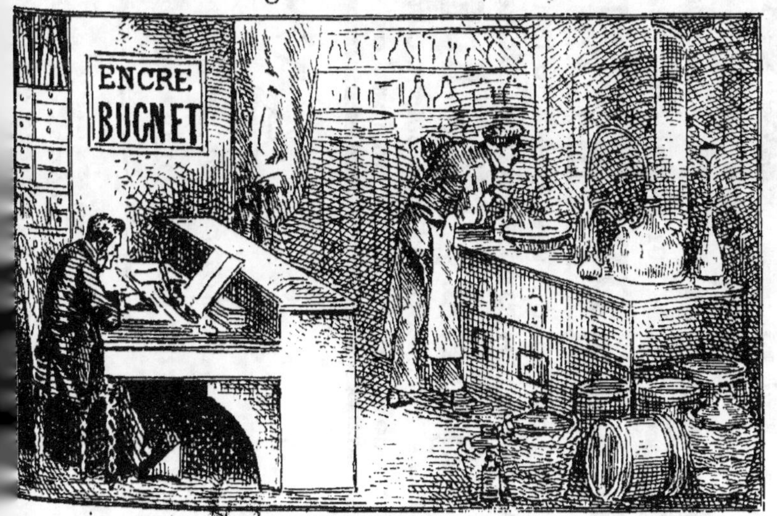

PARIS

IMPRIMERIE TYP. ET LITHOGRAPHIQUE DE LÉON SAULT
Pourtour de l'Église, 9, à Grenelle.

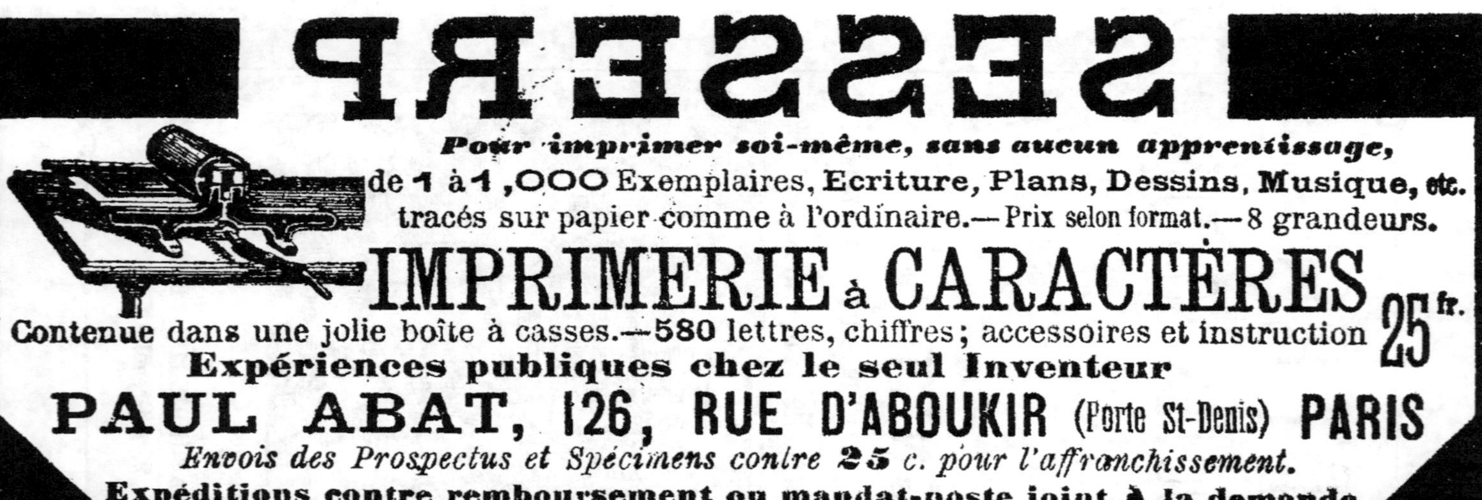

AVIS

Les Maisons qui sont sur cette couverture, sont tout spécialement recommandées aux personnes amies de leurs intérêts.

Si dans votre arrondissement, vous n'aviez pas un marchand de Produits chimiques, prière de m'adresser votre commande que je remettrai à une des meilleures Maisons de Paris.

RECETTES

D'ENCRES DE TOUTES SORTES

ET DE

TOUTES COULEURS

DE

P. BUGNET

CHIMISTE & CHEF D'INSTITUTION

Pourtour de l'Église de Grenelle, 10. Paris.

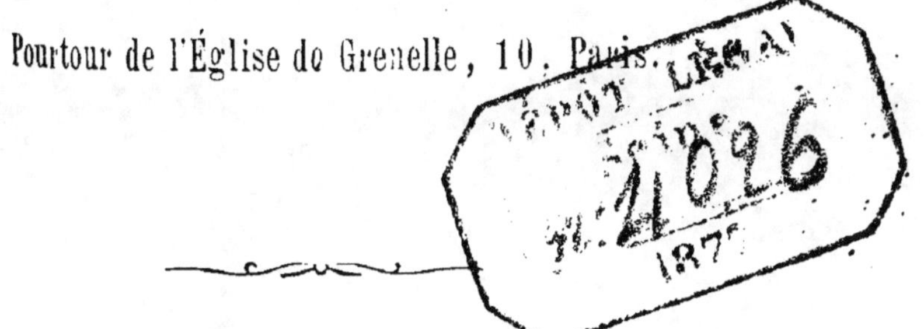

PARIS

IMPRIMERIE TYP. ET LITHOGRAPHIQUE DE LÉON SAULT
Pourtour de l'Église, 9, à Grenelle.

ENCRES CLASSIQUES

Première Recette

Pour un litre, mettez : Extrait de Campêche, 75 grammes; Bichromate de Potasse, 1/2 gramme.

Deuxième Recette

Pour un litre, mettez : Extrait de Campêche, 70 grammes; Bichromate de potasse, 1/2 gramme, et 1/4 de gramme de Chromate.

Nota. — Il faut éviter de mélanger mes Encres classiques avec celles des autres, qui les décomposeraient. — Prière de bien nettoyer les encriers, la première fois qu'on s'en servira.

Troisième Recette

Pour un litre, mettez : Extrait de Campêche, 75 grammes ; Chromate 1 gramme ; Carbonate de Soude, 4 grammes, et Glycérine, 5 grammes.

Quatrième Recette

Pour un litre, mettez : Extrait de Campêche, 80 grammes ; Alun, 15 grammes ; Gomme, 15 grammes. Laisser bouillir à petit feu pendant une heure.

Cinquième Recette

Pour un litre, mettez : Extrait de Campêche, 70 grammes ; Alun, 10 grammes : Couperose, 10 grammes ; Gomme, 10 grammes.

Sixième Recette

Encre qui se laisse copier, même après un temps prolongé.

Pour un litre, mettez : Extrait de Campêche, 90 grammes ; Carbonate de Soude, 5 grammes ; Chromate de Potasse, 2 grammes ; Glycérine, 20 grammes ; Gomme, 30 grammes.

Septième Recette

ENCRE CLASSIQUE D'UN BEAU NOIR

Pour un litre, mettez : 90 grammes d'Extrait de Campêche ; 15 grammos de Sulfate de fer ; 3 grammes de Sulfate de cuivre ; un peu de Bois jaune ou 1 gramme d'Acide picrique, et 20 grammes de Dextrine.

Il vaut mieux employer l'eau chaude que l'eau froide.

ENCRE POUR ÉCRIRE SUR OS
IVOIRE ET PLOMB.

Pour un litre, mettre : Extrait de Bois de Fernambouc, 90 grammes ; Chromate de Potasse, 1 gramme.

ENCRE POUR LE LAVIS

Dans un litre d'eau bouillante, faites fondre 350 grammes de Colle de poisson ; d'autre part, faites dissoudre 90 grammes de sucre de Réglisse, dans 200 grammes d'eau ; mêlez les deux liquides ; ajoutez-y 90 grammes de Noir d'ivoire, et évaporez au bain-marie.

— Cette Encre peut remplacer l'Encre de Chine.

ENCRES DE COULEURS

ENCRE ROUGE

Pour un litre, mettez : 80 grammes de Bois de Brésil, ou de Fernambouc ; 5 grammes d'Alun ; 10 grammes de gomme. — On peut ajouter un peu de Vinaigre rectifié.

ENCRE JAUNE

Pour un litre, mettez 160 grammes de Bois jaune, que l'on fait bouillir avec un peu d'Alun, puis on ajoute un peu de Gomme.

ENCRE JAUNE

FAITE AVEC LA GRAINE D'AVIGNON

Pour un litre, mettez : 130 grammes de Graines d'Avignon ; 50 grammes d'Alun ; faire bouillir ensemble pendant vingt minutes ; filtrer et ajouter 20 grammes de gomme.

ENCRE VERTE

Pour un litre, mettre : Acétate de Cuivre brut, 25 grammes ; Bitartratre de Potasse, 150 grammes. Faire réduire à moitié par l'ébullition, puis passer.

On obtient aussi une Encre verte, en mélangeant une des Encres bleues avec une des Encres jaunes ; ou, encore, en ajoutant 1 ou 2 grammes d'Acide picrique à mes recettes d'Encres classiques.

ENCRE ÉGYPTIENNE

Faites dissoudre de la Gomme laque dans une dissolution aqueuse de Borax, ajoutez du noir de fumée en quantité convenable.

Cette Encre est presque indestructible; elle résiste également au temps et aux agents chimiques. — Elle est d'un beau noir brillant.

ENCRE D'ORIENT

Noir de fumée, 8 grammes; Sulfate de fer, 8 grammes; Noix de Galle, 16 grammes; Gomme, 50 grammes; puis on ajoute quantité suffisante d'eau à la masse pulvérisée et triturée sur un marbre.

ENCRE

Pour faire soi-même un Encrier magique

Prenez plusieurs feuilles de fort papier buvard, que vous imprégnez d'une encre épaisse et que vous joignez ensemble, de manière à former un petit tampon que vous placez dans un encrier, dans lequel vous mettez de temps en temps un peu d'eau. Vous aurez de l'Encre pour longtemps.

ENCRES COMMUNICATIVES

On rend toutes les encres communicatives, par une simple addition de sucre et un excès de gomme.

On peut remplacer le Sucre et la Gomme, en ajoutant, par litre, 25 grammes de Glycérine, ou mieux encore en ajoutant au Sucre et à la Gomme quelques grammes de Glycérine, ce qui permettra de copier l'écriture après un temps prolongé.

En mettant peu d'eau et laissant évaporer à une douce chaleur, on obtient une encre solide, à laquelle on donne la forme que l'on veut.

Pour les Encres en Tablettes, en Poudre et en Papier, voir les Recettes de la 1re Série.

ENCRE BLEUE

Le Bleu de Prusse soluble fournit une Encre bleue par une simple solution dans l'eau; puis, on ajoute un peu de Gomme et de Sucre.

ENCRE VIOLETTE

L'Encre violette est un mélange d'Encre rouge et d'Encre bleue.

ENCRE ORANGE

L'Encre orange est un mélange d'Encre rouge et d'Encre jaune.

ENCRES MÉTALLIQUES

On prend des poudres métalliques très-fines: Bronze, Argent, Or, etc.; on les broie séparément avec de la Gomme, un peu de Sucre et de Fiel de bœuf purifié.

Quand l'encre est sèche, on peut la lisser avec un brunissoir.

ENCRIVORE DU PROGRÈS

Mettez dans un litre d'eau 62 grammes 1/2 d'Acide oxalique, et 5 grammes de Gomme adragante, vous aurez une eau qui fera partir immédiatement l'Encre sur les mains, le bois, etc.

ENCRE A MARQUER LE LINGE

On peut employer avantageusement l'Encre de Chine délayée dans l'Acide hydrochlorique faible.

Autre Recette

Prenez 32 grammes de Nitrate de Manganèse pur et concentré, le mêler à une égale quantité d'une forte décoction de Noix de Galle d'Alep; ajouter ensuite 16 grammes de bonne Encre ordinaire à écrire, ce qui donne une Encre à marquer le linge d'une grande solidité.

ENCRE POUR INSCRIPTIONS

Faire fondre deux parties de poix, y ajouter une partie de Noir de fumée.

ENCRES SYMPATHIQUES

OU SECRÈTES

La plupart des Sucs acides fournis par les végétaux, peuvent être employés comme Encres secrètes : Sucs d'Orange, de Citron, d'Oignon. La chaleur les rend apparents.

L'Acide sulfurique, étendu de dix fois son poids d'eau, développe à l'approche du feu une couleur bleue.

La solution de Sulfate de fer étendue d'eau produit des caractères que l'on ne rend visibles qu'en les mettant en contact avec une solution d'Acide gallique. On passe sur le papier une éponge trempée dans l'Acide gallique.

ENCRE INCORRODIBLE

POUR

ÉCRIRE SUR LES FLACONS CONTENANT DES ACIDES

Faites fondre à une douce chaleur : 15 gr. de Copal en poudre dans 90 parties d'essence de Lavande, puis colorez avec du Noir de fumée, du Vermillon ou de l'Indigo, suivant la couleur à obtenir.

ENCRES INDÉLÉBILES

Première Recette

Encre de Chine délayée dans l'eau rendue alcaline par l'Acide caustique à 1° B.

Deuxième Recette

En mélangeant, par parties égales, de l'Encre de Chine avec de l'Encre ordinaire.

MOISISSURE DE L'ENCRE

Pour empêcher l'Encre de moisir, il suffit d'ajouter, par litre, 2 ou 3 gouttes d'Acide phénique, ou une petite quantité de Deutoxyde de mercure, en se servant de la pointe d'un canif.

Il vaut mieux, pour la santé des Élèves, employer l'Acide phénique.

Paris. — Imp. Léon Saulx, 9, pourtour de l'Eglise, Grenelle.

V^{VE} VAURS, ÉDITEUR
28, Rue du Cherche - Midi, 28

COMMISSION   EXPORTATION

Imagerie religieuse de tous genres, depuis 15 cent. la douz. jusqu'à 12 fr. Images noires et couleur, surprises or et couleur, peintures sur riz, satin nacre. Peintures fines sur parchemin, cachets de l'* communion, chemins de croix; tableaux pour récompenses avec cadres gaufrés, cuivre, carton pâte, passe-partout de toutes grandeurs et à tous prix.

Grand assortiment de chromos, depuis 32 sujets à la feuille, jusqu'à 200.

Cahiers de concours, feuilles de compliments, papiers à lettres gaufrés, en dentelles, à fleurs. Enveloppes gaufrées. Médailles, chapelets, scapulaires, statuettes. Plumes de toutes fabriques, fournitures pour fleurs, laines, canevas, et en général tous articles pour Pensions. (Envoi contre mandat).

LIBRAIRIE J. MOLLIE
EDITEUR, 60, RUE DE VAUGIRARD, PARIS

COMMISSION   EXPORTATION

LE CHERCHEUR Moniteur des Fêtes pour les institutions, patronages, paraissant quatre fois en l'année scolaire. Abonnement: un an, 1 fr. 50 pour la France, 2 fr. pour l'Étranger. Le Chercheur est à sa 7ᵉ année. — Les six premières forment deux volumes in-8° de 360 pages chacun, reliés en toile. Ces deux volumes franco 11 fr. Ils renferment: poésies, compliments, dialogues et comédies pour garçons et pour filles, avec indication de personnages.

A la même librairie, grand choix de drames et comédies pour institutions de jeunes gens et de jeunes filles. — Spécialité pour Bibliothèques de la jeunesse, distributions de prix, couronnes, attestations etc., etc. — Fournitures classiques. — Envoi contre mandat-poste.